Impressum
Verlag: BABADADA GmbH, Nedderfeld 112 , 22529 Hamburg
Geschäftsführer / Verlagsleitung: Harald Hof
Druck: Books on Demand GmbH, In de Tarpen 42, 22848 Norderstedt

Imprint
Publisher: BABADADA GmbH, Nedderfeld 112 , 22529 Hamburg, Germany
Managing Director / Publishing direction: Harald Hof
Print: Books on Demand GmbH, In de Tarpen 42, 22848 Norderstedt, Germany

sekolo

школа

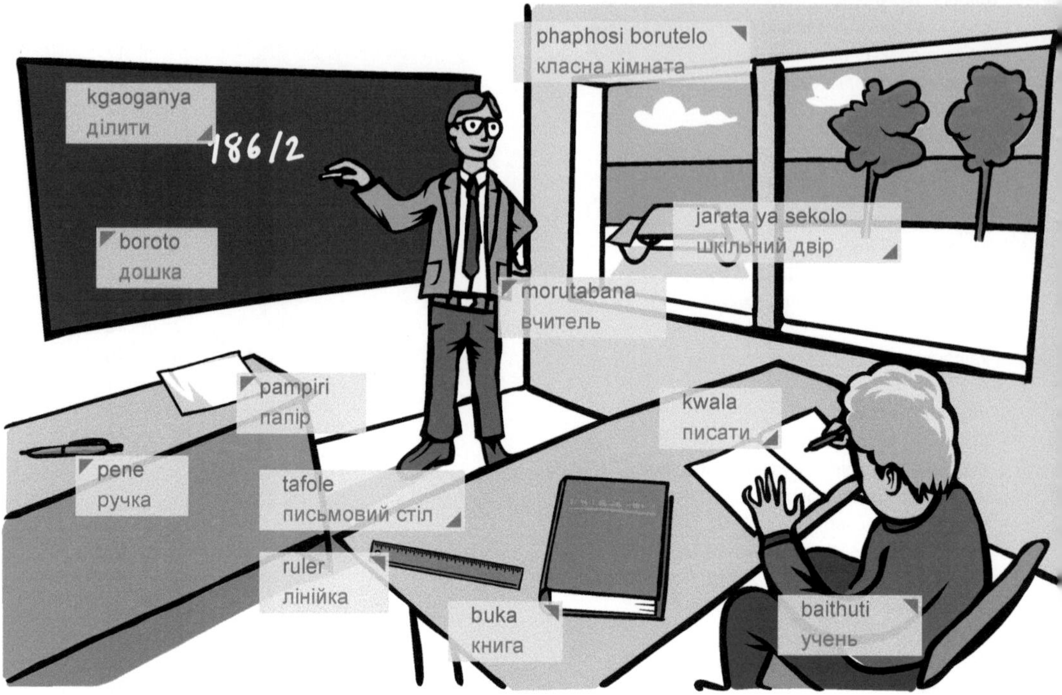

phaphosi borutelo
класна кімната
kgaoganya
ділити
186/2
boroto
дошка
jarata ya sekolo
шкільний двір
morutabana
вчитель
pampiri
папір
kwala
писати
pene
ручка
tafole
письмовий стіл
ruler
лінійка
buka
книга
baithuti
учень

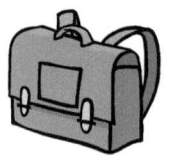

kgetsana ya dibuka

ранець

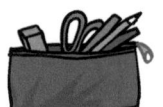

setsenya dipensele

пенал

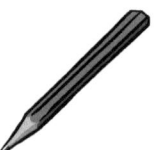

pensele

олівець

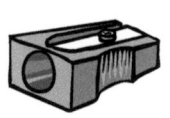

seseta pensele

точило

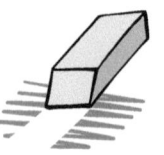

sephimola

гумка

boto ya go torowa

альбом для малювання

torowa

малюнок

boratšhe jwa pente

пензель

bokose ya pente

коробка фарб

dikere

ножиці

sekgomaretsi

клей

buka ya go kwalela

зошит

tirogae

домашнє завдання

palo

число

tlhakanya

додавати

kgaoganya

віднімати

atisa

множити

khalkhuleitara

рахувати

lekwalo

літера

alfabete

абетка

lefoko

слово

mafoko

текст

bala

читати

choko

крейда

thuto

година

rejistara

класний журнал

tlhatlhobo

екзамен

setifikeiti

диплом

diaparo tsa sekolo

шкільна форма

thuto

освіта

encyclopedia

лексикон

unibesithi

університет

mikoroskoupo

мікроскоп

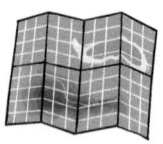

mmepe

карта

moteme wa dipampiri

кошик для паперу

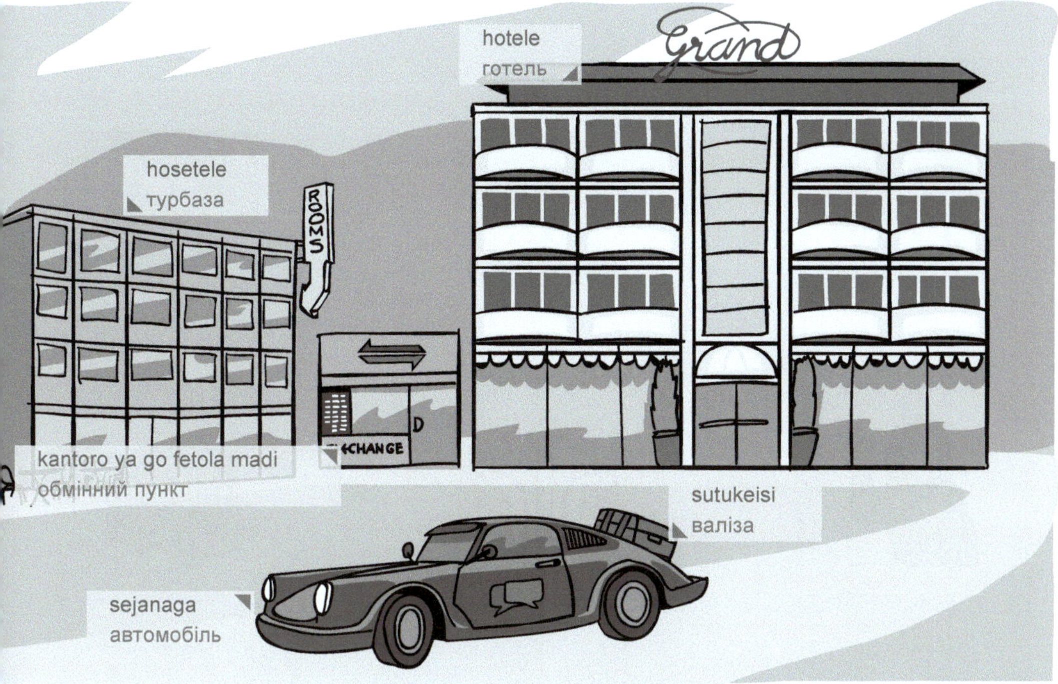

hotele
готель
Grand
hosetele
турбаза
ROOMS
kantoro ya go fetola madi
обмінний пункт
EXCHANGE
sutukeisi
валіза
sejanaga
автомобіль

puo
мова

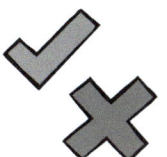

ee / nnyaa
так / ні

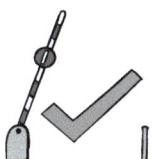

Go siame
добре

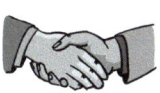

dumela
привіт

moranodi
перекладач

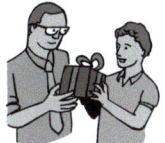

Ke a leboga
дякую

ke bokae…?

Скільки коштує …?

ga ke tlhaloganye

Я не розумію

bothata

проблема

O itumelele bosigo!

Добрий вечір!

Dumela!

Доброго ранку!

Robala Sentle!

На добраніч!

tsamaya sentle

До побачення

tsela

напрямок

dithoto

багаж

kgetsi

сумка

kgetsi

рюкзак

moeng

гість

phaposi

кімната

kgetsana ya go robalela

спальний мішок

mogope

намет

shedimosetso ya mojanala

туристична інформація

lewatle

пляж

karata ya go tsaya sekoloto

кредитна картка

sefitlholo

сніданок

dijo tsa motshegare

обід

dijo tsa maitsiboa

вечеря

tekete

квиток

lifiti

ліфт

setempe

поштова марка

bodara

межа

dingwao

митниця

embassy

посольство

visa

віза

lokwalo itshupo

паспорт

sepalangwa

транспорт

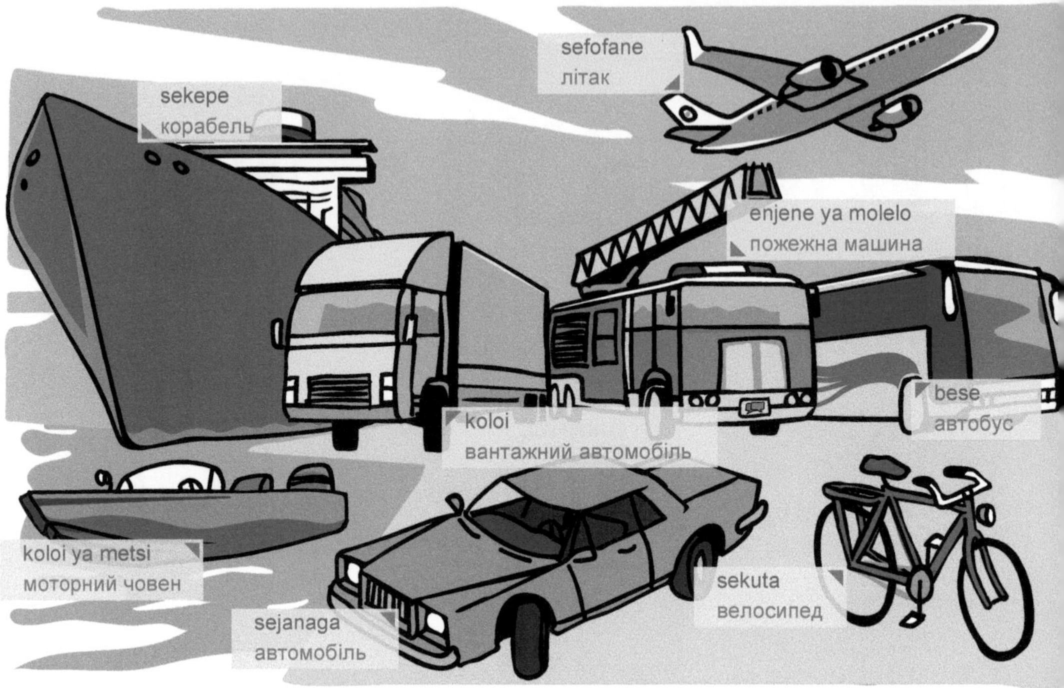

sefofane
літак
sekepe
корабель
enjene ya molelo
пожежна машина
bese
автобус
koloi
вантажний автомобіль
koloi ya metsi
моторний човен
sekuta
велосипед
sejanaga
автомобіль

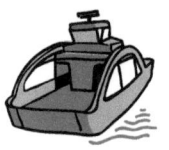

feri
пором

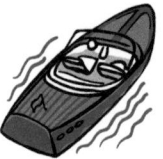

sekepe
човен

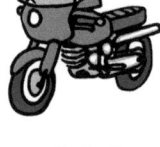

sethuthuthu
мотоцикл

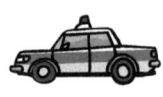

sejanaga sa mapodisa
поліцейська машина

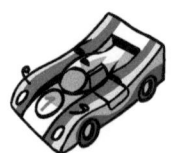

sejanaga sa lobelo
гоночний автомобіль

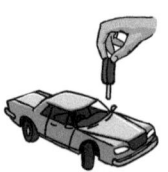

sejanaga se se hirilweng
автомобіль на прокат

aroganya sejanaga

спільне користування авто

koloi e e gogang dikoloi tse
di robegileng

евакуатор

koloi e e tsayang matlakala

сміттєвоз

koloi

двигун

lookwane

паливо

seteišhene sa lookwane

автозаправна станція

letshwao la pharakano

дорожній знак

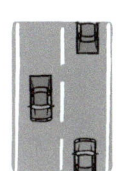

pharakano

рух

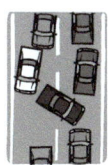

pharakano

затор

lefelo la go emisa koloi

стоянка

seteišhene sa terena

вокзал

mela

рейки

terena

потяг

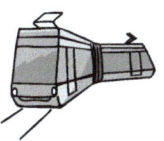

tereme

трамвай

kolotsana

вагон

sefofane

гелікоптер

boemeladifofane

аеропорт

tora

вежа

mopalami

пасажир

sekhafothini

контейнер

bokoso

коробка

karaki

візок

basekete

кошик

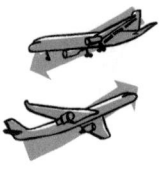

go tsamaya / go fitlha

стартувати / приземлятися

toropo

місто

motse

село

legare la teropo

центр міста

ntlo

дім

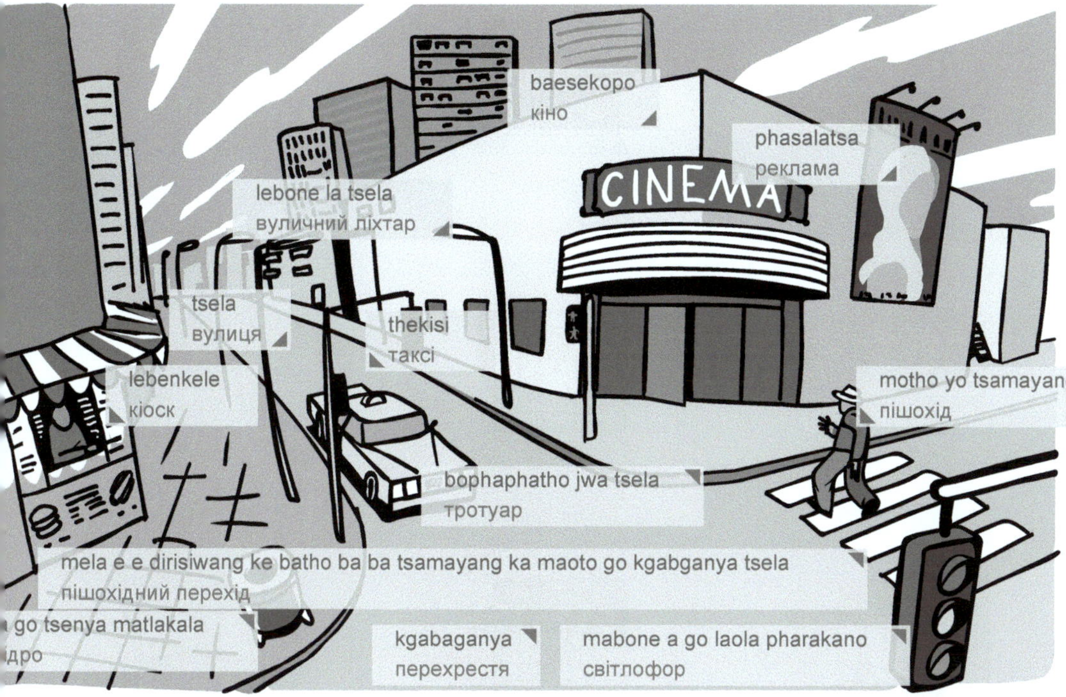

baesekopo
кіно

phasalatsa
реклама

lebone la tsela
вуличний ліхтар

tsela
вулиця

thekisi
таксі

lebenkele
кіоск

motho yo tsamayang
пішохід

CINEMA

bophaphatho jwa tsela
тротуар

mela e e dirisiwang ke batho ba ba tsamayang ka maoto go kgabganya tsela
пішохідний перехід

go tsenya matlakala
дро

kgabaganya
перехрестя

mabone a go laola pharakano
світлофор

tlo e e ruletseng ka bojang
хатина

sephara
квартира

seteišhene sa terena
вокзал

ntlolehalahala la toropo
ратуша

museamo
музей

sekolo
школа

unibesithi

університет

banka

банк

sepetlele

лікарня

hotele

готель

lefelo la melemo

аптека

kantoro

офіс

lebenkele la dibuka

книжковий магазин

lebenkele

магазин

batho ba ba rekisang malomo

квітковий магазин

lebenkele

супермаркет

maraka

ринок

lebenkele la diaparo

універмаг

fishmongers

торговець рибою

moago wa mabenkele a a mantsi

торговельний центр

boema dikepe

гавань

serapa

парк

banka

лава

borogo

міст

ditepisi

сходи

kwa tlase ga lefatshe

метро

kgogometso

тунель

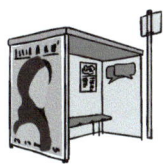

boemela bese

автобусна зупинка

bara

бар

lefelo la go jela

ресторан

lebokose la pose

поштова скринька

letshwao la tsela

вулична табличка

mitara wa go emisa koloi

лічильник паркування

lefelo la go bonela diphologolo

зоопарк

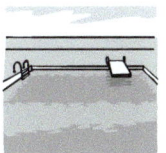

letlodi la go thuma

басейн

tempele ya mamoselema

мечеть

polase

ферма

kgotlelelo

забруднення
навколишнього
середовища

mabitla

кладовище

kereke

церква

lefelo la go tshamekela

дитячий майданчик

temple

храм

boago jwa lefelo
ландшафт

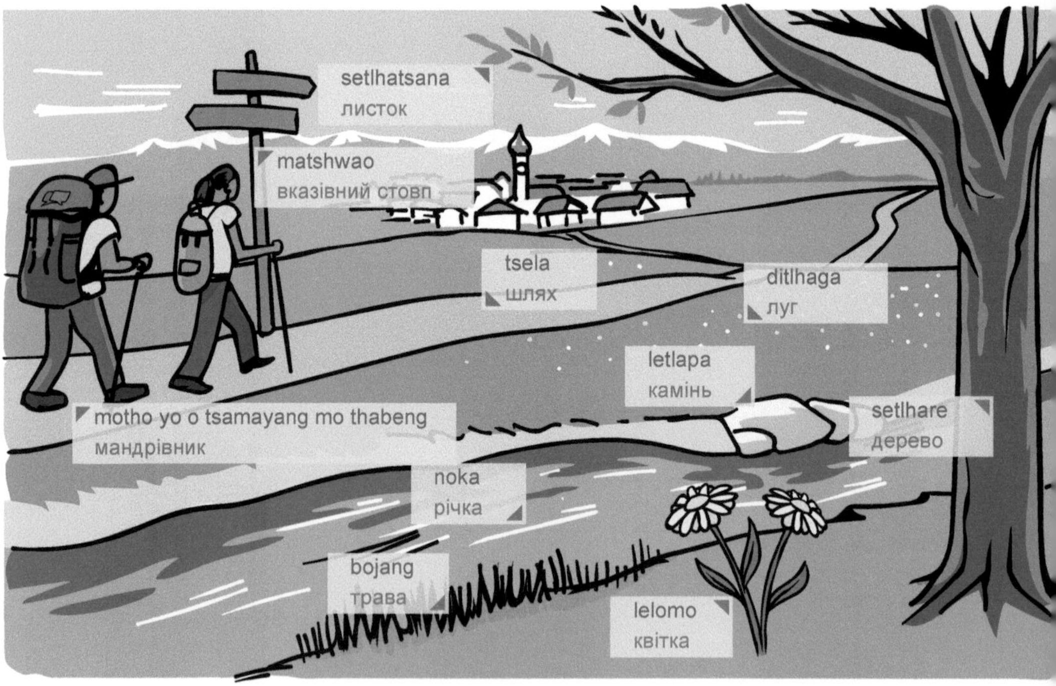

setlhatsana
листок

matshwao
вказівний стовп

tsela
шлях

ditlhaga
луг

letlapa
камінь

motho yo o tsamayang mo thabeng
мандрівник

setlhare
дерево

noka
річка

bojang
трава

lelomo
квітка

mokgatša

долина

thatshana

гора

lekadiba

озеро

sekgwa

ліс

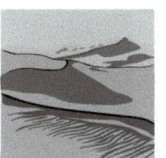

sekaka

пустеля

lekgwamolelo

вулкан

khasele

замок

motshe wa badimo

веселка

leboa

гриб

mokolana

пальма

montsane

комар

tshenekegi

муха

tshoswane

мурашка

notshi

бджола

segokgo

павук

khukhwana

жук

segwagwa

жаба

mosha

вивірка

noko

їжак

mmutla

заєць

morubisi

сова

nonyane

птах

pidipidi

лебідь

dikolobe tsa naga

кабан

kgokong

олень

moose

лось

letamo

гребля

sefetlhaphefo

вітряк

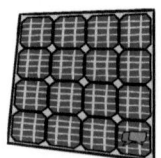

motlakase o o dirilweng ka letsatsi

сонячний модуль

loapi

клімат

lefelo la go jela

ресторан

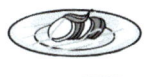

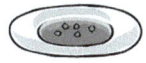

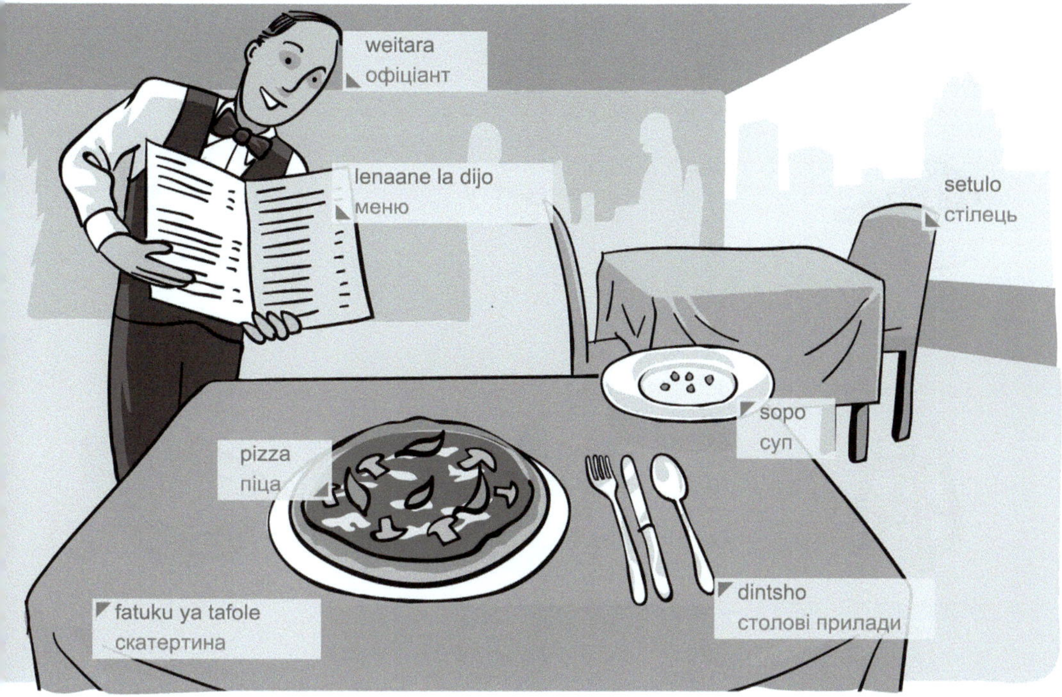
weitara
офіціант
lenaane la dijo
меню
setulo
стілець
sopo
суп
pizza
піца
fatuku ya tafole
скатертина
dintsho
столові прилади

sejo sa ntlha

закуска

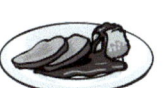

sejo sa bobedi

друга страва

dijo tse di naleng sukiri

десерт

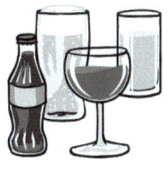

dino

напої

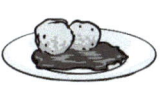

dijo

їжа

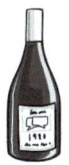

botlolo

пляшка

dijo tsa mo strateng

фаст-фуд

dijo tsa seterata

вулична їжа

ketlele ya tee

чайник

sejana sa go tsenya sukiri

цукорниця

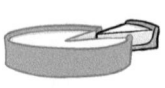

karolo

порція

motšhini wa espresso

еспресо-машина

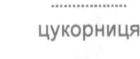

setulo se se kwa godimo

високий стільчик

tshupamolato

рахунок

terei

піднос

thipa

ніж

forotlho

вилка

liso

ложка

leswana

чайна ложка

lesela la go iphimola

серветка

galase

склянка

lefelo la go jela - ресторан

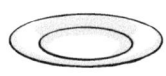

poleiti

тарілка

poleiti ya sopo

тарілка для супу

sosara

блюдце

sopo

соус

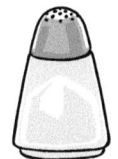

sejana sa letswai

солонка

sesila pepere

млин для перцю

aseini

оцет

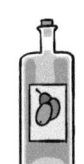

oli

масло

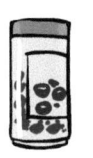

ditswaiso

спеції

tamati souso

кетчуп

masetete

гірчиця

mayonaese

майонез

lebenkele

супермаркет

sesolo se se kgethegileng
пропозиція
FOR
moreki
клієнт
dilwana tsa mašwi
молочні продукти
leungo
фрукти
teroli
візок для покупок

BUTCHERS

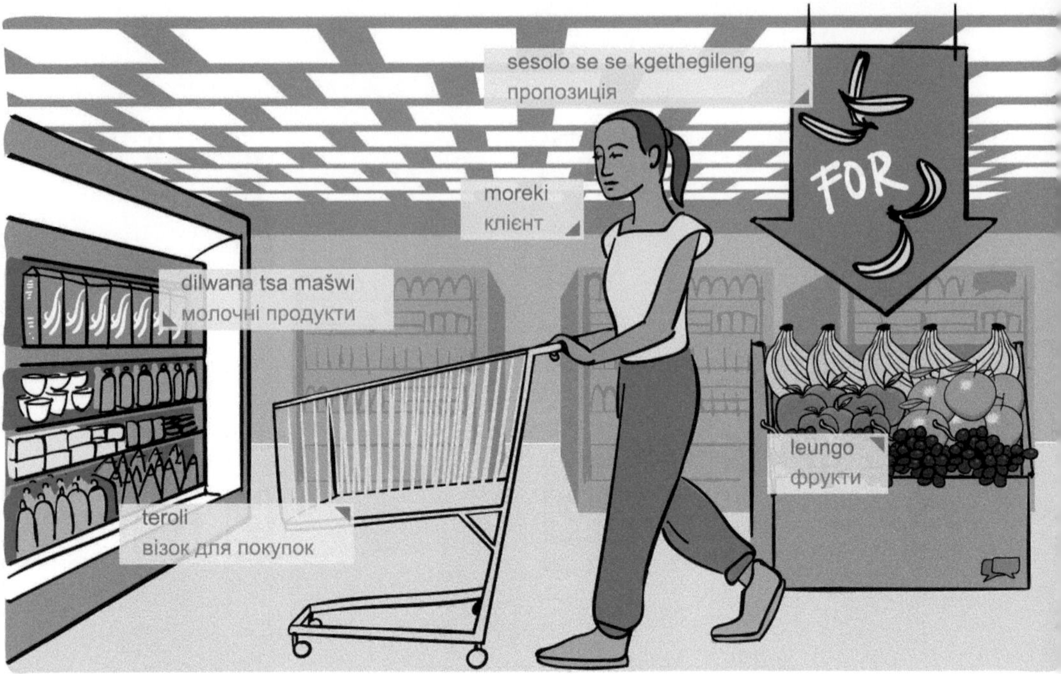

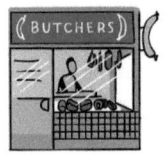

batho ba ba segang nama

м'ясний магазин

BAKERY

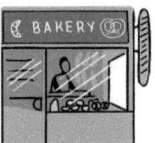

babaki

пекарня

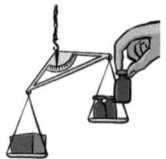

boima

зважувати

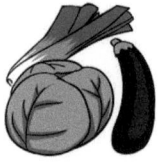

merogo

овочі

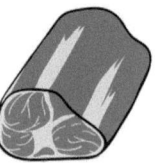

nama

м'ясо

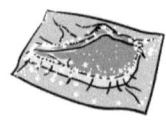

dijo tse di aesitsweng

заморожені продукти

nama e e sa tlhokeng go apewa

ковбасна нарізка

dijo tsa thini

консерви

molora o o tlhatswang

пральний порошок

dimonamone

солодощи

dilwana tsa ntlo

предмети домашнього побуту

dilwana tsa go phepafatsa

мийний засіб

morekisi

продавщиця

motšhini wa madi

каса

morekisi

касир

lennane la go reka

список покупок

diura tsa go bula

часи роботи

sepatšhe

гаманець

karata ya go tsaya sekoloto

кредитна картка

kgetsi

сумка

kgetsi ya polasetiki

поліетиленовий пакет

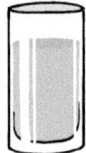

metsi

вода

jusi

сік

mašwi

молоко

khouku

кола

beine

вино

biri

пиво

bojalwa

алкоголь

khoukhou

какао

tee

чай

kofi

кава

esepereso

еспресо

cappuccino

капучіно

panana

банан

apole

яблуко

namune

апельсин

legapu

кавун

surunamune

лимон

segwete

морква

konofole

часник

lotlhaka lwa bampuse

бамбук

eie

цибуля

mabowa

гриб

manoko

горішки

di-noodles

локшина

sepagethi

спагеті

raese

рис

salate

салат

ditšhipisi

картопля фрі

ditapole tse di gadikilweng

смажена картопля

pizza

піца

hamburger

гамбургер

borotho jo bo tlapisitsweng

бутерброд

nama e e gadikilweng

шніцель

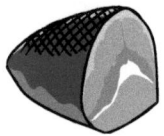

nama ya kolobe

шинка

salami

салямі

boroso

ковбаса

koko

курка

gadika

печеня

tlhapi

риба

bogobe jwa outse

вівсяні пластівці

muesli

мюслі

cornflakes

кукурудзяні пластівці

bupi

борошно

croissante

круасан

banse

булочка

borotho

хліб

borotho jo bo besitsweng

тостовий хліб

bisikiti

печиво

botoro

масло

tšhisi

сир

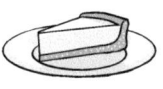

kuku

пиріг

lee

яйце

lee le le gadikilweng

яєчня

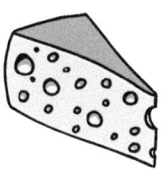

kase

сир

aesekirimi

морозиво

sukiri

цукор

mamepe a dinotshe

мед

jeme

мармелад

chokolete e e tshasiwang

нуга-крем

khari

карі

polase

ферма

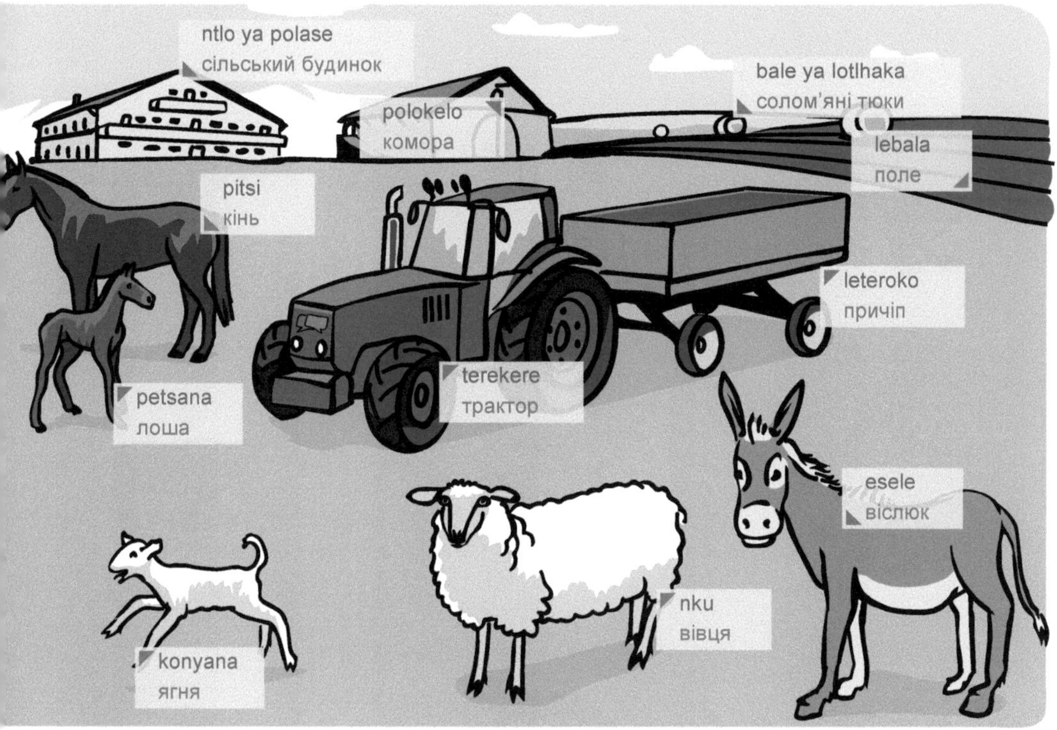

ntlo ya polase
сільський будинок
bale ya lotlhaka
солом'яні тюки
polokelo
комора
lebala
поле
pitsi
кінь
leteroko
причіп
terekere
трактор
petsana
лоша
esele
віслюк
nku
вівця
konyana
ягня

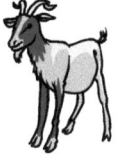

pudi

коза

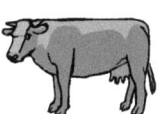

kgomo

корова

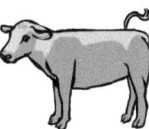

namane

теля

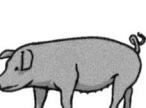

kolobe

свиня

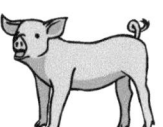

kolojane

порося

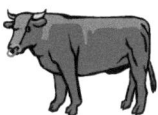

poo

бик

ganse

гусак

pidipidi

качка

kokwanyana

курча

mokoko

курка

mokoko

півень

peba

щур

katse

кіт

peba

миша

kgomo

віл

ntša

собака

ntlo ya ntša

собача будка

lethompo la tshingwana

садовий шланг

tanka ya go nosetsa

лійка

disekele tsa tshipi

коса

lema

плуг

disekele

серп

setlhagola

мотика

foroko ya go peta

вила

selepe

сокира

kiribae

тачка

bonwelo

корито

mašwi a a moteng ga moteme

бідон молока

kgetsana

мішок

legora

паркан

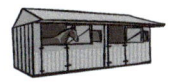

tsepame

хлів

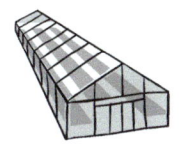

lefelo la go godisa dijalo

теплиця

mmu

ґрунт

peo

насіння

menyoro

добриво

thobo e e kopaneng

комбайн

thobo

пожинати

thobo

урожай

di-yam

корінь ямсу

korong

пшениця

soya

соя

tapole

картопля

korong

кукурудза

disonobolomo

ріпак

setlhare sa maungo

плодове дерево

cassava

маніок

dijo tsa phakela

злаки

sentshamosi
димохід

marulelo
дах

peipe ya deraine
водостічний лоток

letlhabaphefo
вікно

karaje
гараж

bele ya setswalo
дзвінок

lebati
двері

motene wa matlakala
відро для сміття

lebokose la dikwalo
поштова скринька

tshingwana
сад

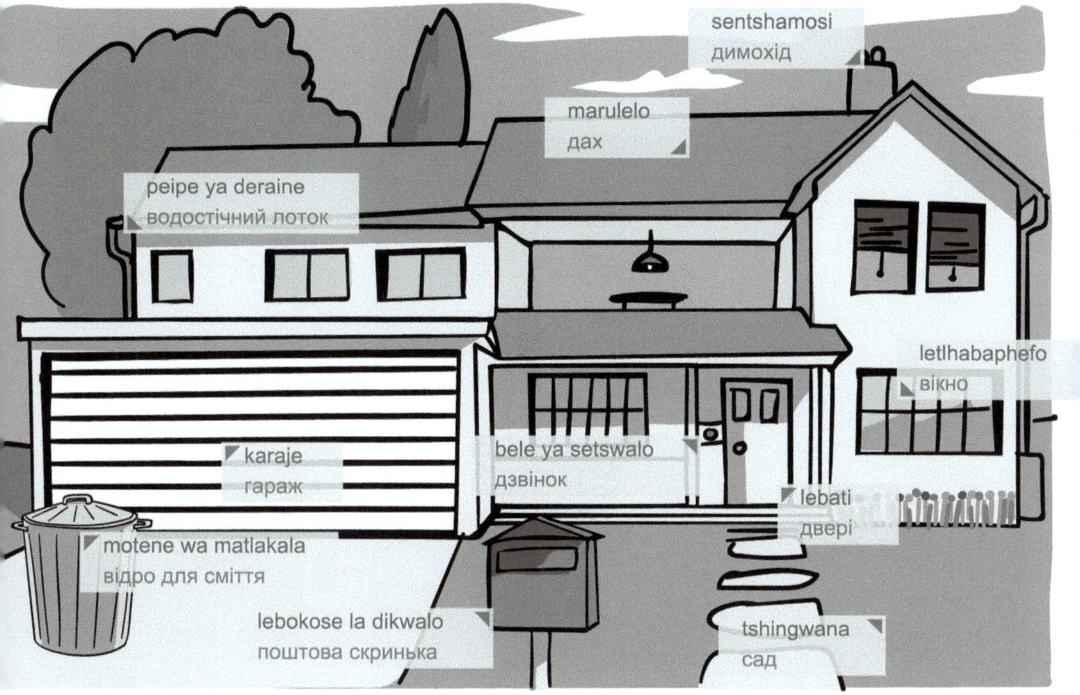

phaposi ya bodulo

вітальня

phaposi ya go tlhapela

ванна кімната

boapeelo

кухня

phaposi ya borobalo

спальня

phaposi ya bana

дитяча кімната

phaposi ya bojelo

їдальня

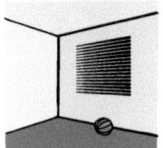

mo fatshe

підлога

lebota

стіна

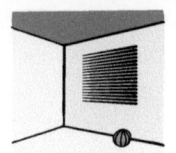

siling

стеля

mabolokelo

підвал

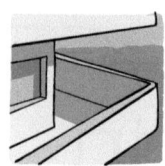

se futhumatsa mmele

сауна

mokatako

балкон

mokgekolosa

тераса

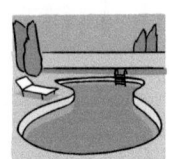

makadiba

басейн

sedirisiwa sa go sega bojang

косарка

lakane

простирало

kobo

ковдра

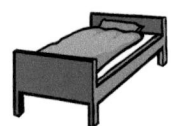

bolao

ліжко

lefielo

мітла

kgamelo

відро

switch

перемикач

phaposi ya bodulo

вітальня

pampiri e e kgabisng lebota
шпалери
setshwantsho
малюнок
lobone
лампа
raka
поличка
raka
шафа
thelebishene
телевізор
iso
камін
lelomo
квітка
mosamo
подушка
soufa
диван
setsenya malomo
ваза
selaola thelebishene o le kgakala le yone
пульт

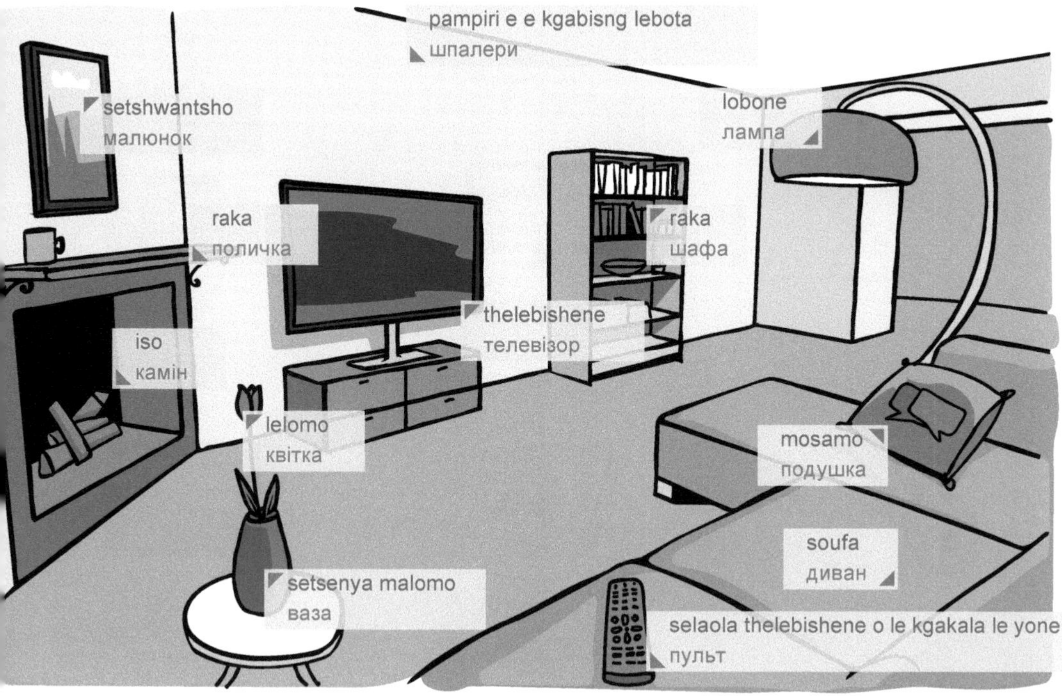

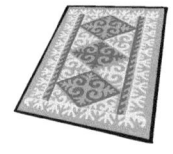

mmetshe
....
килим

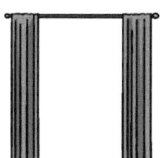

garetene
....
завіса

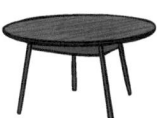

tafole
....
стіл

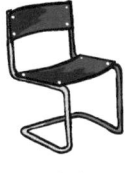

setulo
....
стілець

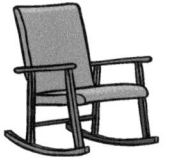

setulo se se binang
....
крісло-гойдалка

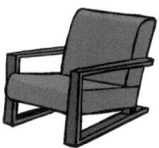

setulo se se naleng boikego
....
крісло

buka

книга

kobo

ковдра

mokgabiso

прикраса

dikgong tsa molelo

дрова

filimi

фільм

hi-fi ya go letsa

стереосистема

selotlolo

ключ

lokwalodikgang

газета

setshwantsho se se dirilweng ka pente

картина

pampiri ya go phasalatsa

плакат

seyalemowa

радіо

buka ya dintla

блокнот

huvara

пилосос

motoroko

кактус

kerese

свічка

boapeelo

кухня

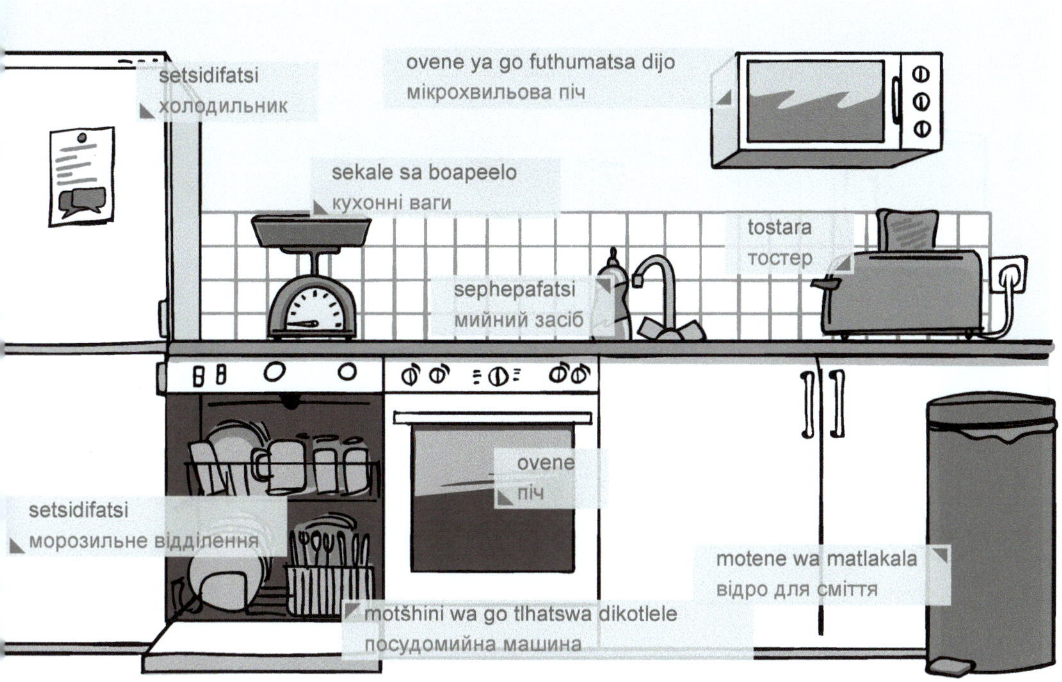

setsidifatsi
холодильник
ovene ya go futhumatsa dijo
мікрохвильова піч
sekale sa boapeelo
кухонні ваги
tostara
тостер
sephepafatsi
мийний засіб
ovene
піч
setsidifatsi
морозильне відділення
motene wa matlakala
відро для сміття
motšhini wa go tlhatswa dikotlele
посудомийна машина

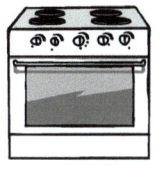

moapei

плита

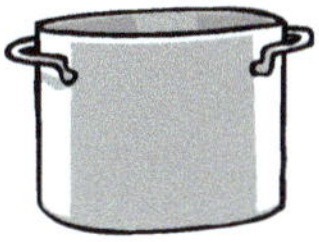

pitsa

горщик

pitsa ya tshipi

чавунний горщик

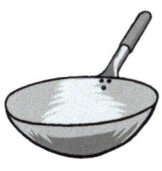

wok / kadai

вок / кадай

pane

сковорода

ketlele

чайник

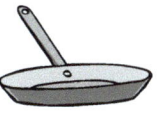

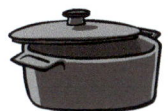

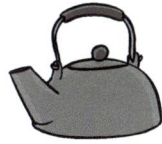

sefuthumatsi

пароварка

terei ya go baka

лист

dintsho

посуд

kopi

кухоль

sejana

чаша

thobane ya go rema

палички для їжі

thoka

черпак

sepatšhula

лопатка

wiskara

вінчик для збивання

setereinara

сито

setlhotlhi

сито

greitara

терка

kika

ступка

nama ya kgomo

барбекю

molelo o o moperepeneg

багаття

boroto ya go segela

дошка

rolara

качалка

sebula dibotlolo tsa beine

штопор

moteme

конзерва

sebula moteme

відкривачка

setshwari sa pitsa

прихватки

sinki

раковина

boratšhe

щітка

sepontšhe

губка

setlhakanya dijo / maungo

міксер

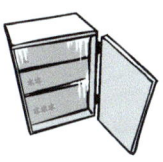

setsidifatsi

морозильна камера

botlole ya ngwana

дитяча пляшка

tepe

кран

phaposi ya go tlhapela

ванна кімната

thutafatsa
опалення
shawara
душ
toulo
рушник
garetene ya shawara
душова завіса
setshelo sa go dira dibabole mo bateng
піниста ванна
bata
ванна
galase
склянка
setlhatswa diaparo
пральна машина
tepe
кран
dithaele
плитка
poti
горщок
sinki
раковина

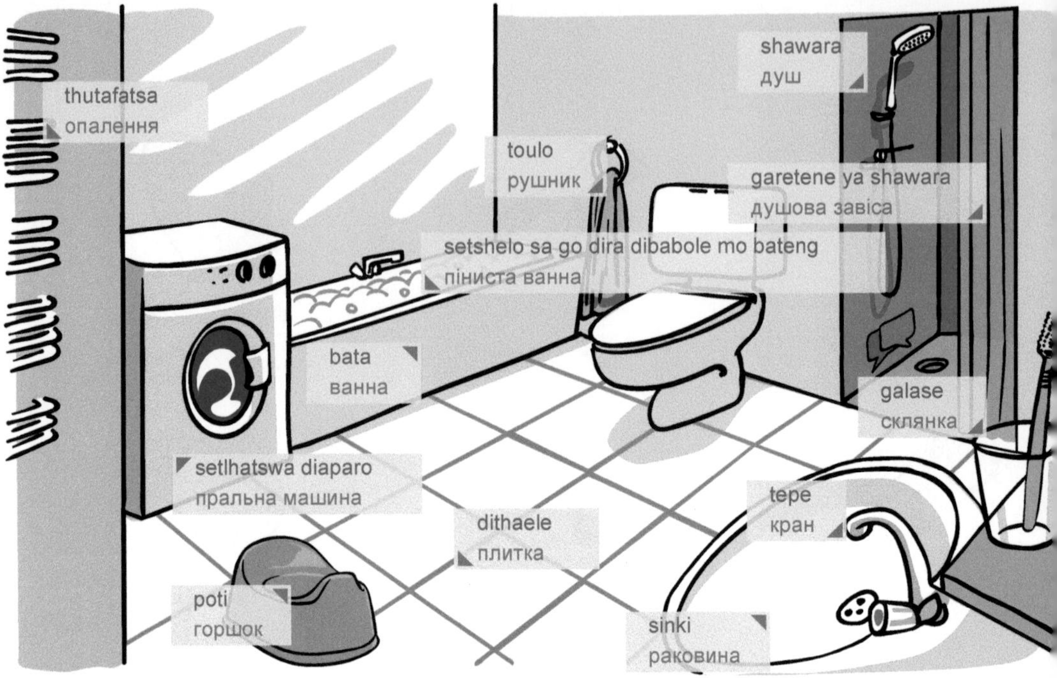

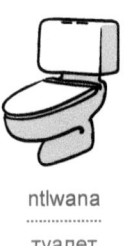

ntlwana

туалет

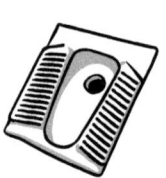

ntlwana ya go kotama

підлоговий туалет

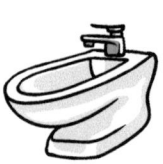

bidete

біде

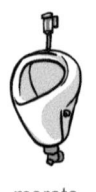

moroto

пісуар

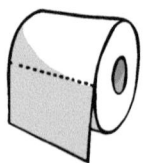

pampiri ya boithomelo

туалетний папір

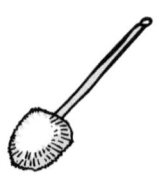

boratšhe jwa ntlwana

щітка для туалету

boratšhe jwa meno

зубна щітка

sesepa sa meno

зубна паста

tlhale ya go phepafatsa meno

нитка для чищення зубів

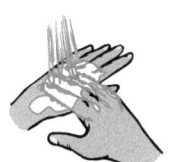

tlhatswa

мити

shawara ya go itshwarela

ручний душ

senkgisa monate

інтимний душ

beisini

таз

boratšhe jwa mokwatla

щітка для спини

sesepa

мило

jele ya shawara

гель для душу

setlhapisa moriri

шампунь

folanele

мочалка

mosele

водостік

setlolo

крем

senkgamonate

дезодорант

seipone

дзеркало

seipone sa go itshwarela

косметичне дзеркало

legare

бритва

foumu ya go ntsha moriri

піна для гоління

**foumu ya fa o fetsa go
ntsha moriri**

лосьйон після гоління

kama

гребінь

boratšhe

щітка

seomisa moriri

фен

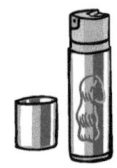

seporei sa moriri

лак для волосся

seitlole sa sefatlhego

косметика

setlolo sa molomo

губна помада

pente ya dinala

лак для нігтів

boboa

вата

sekere sa dinala

ножиці для нігтів

**leokwane le le nkgang
monate**

парфум

kgetsana ya go tlhatswa

косметичка

setulo

табурет

sekale sa go lekanya

ваги

seaparo sa botlhapelo

халат

ditlelafo tsa rekere

гумові рукавички

tempone

тампон

sedirisiwa sa basadi ba ba
mo kgweding

гігієнічні прокладки

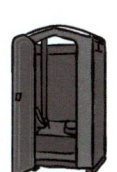

ntlwana ya khemikhale

біотуалет

phaposi ya bana

дитяча кімната

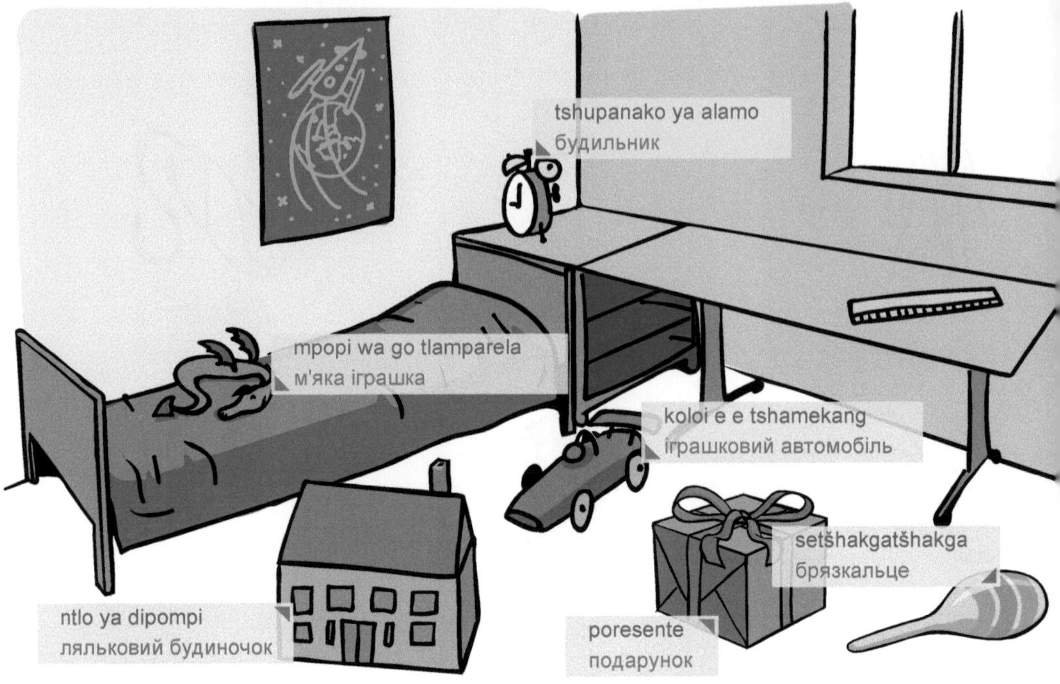

tshupanako ya alamo
будильник
mpopi wa go tlamparela
м'яка іграшка
koloi e e tshamekang
іграшковий автомобіль
setšhakgatšhakga
брязкальце
ntlo ya dipompi
ляльковий будиночок
poresente
подарунок

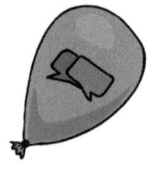

baluni

повітряна кулька

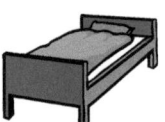

bolao

ліжко

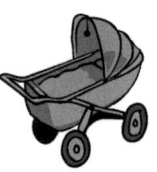

porema

дитячий візок

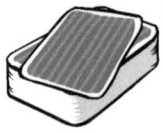

deck of cards

картярська гра

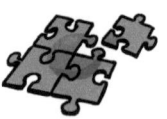

saga ya motlakase

пазл

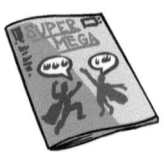

buka ya ditshegisi

комікс

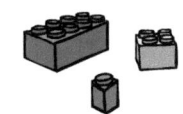

matlapa a go tshameka

лего цеглинки

diboloko tse di tshamekang

блоки

setshwantsho sa motho

іграшкова фігурка

seaparo sa lesea

повзунки

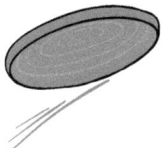

Frisbee

фризбі

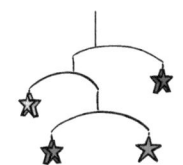

selo sa go letsa mmino mo ditsebeng

мобіле

motshameko wa boroto

настільна гра

daese

кубик

terena

модель залізнична станція

tami

соска

moletlo

вечірка

buka ya ditshwantsho

книжка з картинками

bolo

м'яч

mpopi

лялька

tshameka

грати

lebala le le naleng santa

пісочниця

moswinki

гойдалка

ditshamekisi tsa bana

іграшка

motshameko wa dibidio

гральна консоль

baesekele ya maotwana a a mararo

триколісний велосипед

bera e e diretsweng go tshamekisa bana

плюшевий мішка

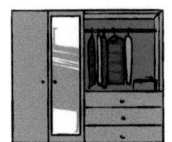

raka ya go baya diaparo

шафа

seaparo

одяг

dikausu

шкарпетки

dikausu tsa basadi

панчохи

dithaetse

колготки

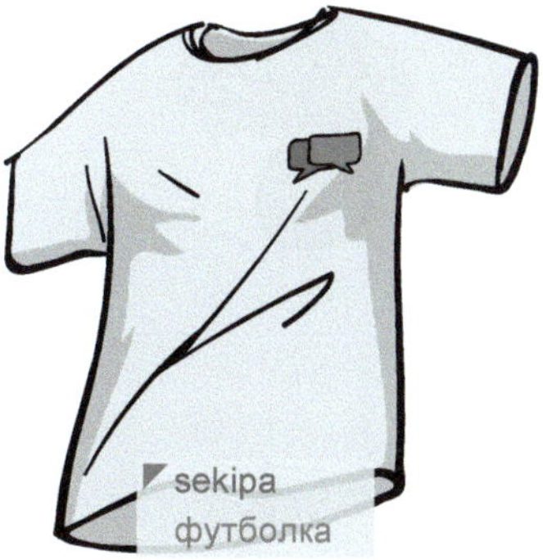

sekhafo
шарф

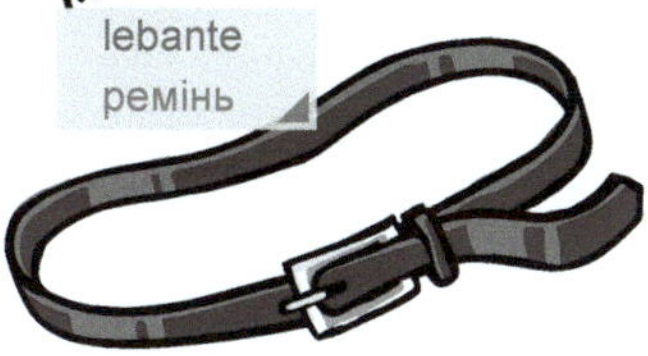

sekhukhu
парасоля

lebante
ремінь

sekipa
футболка

diteki
кросівки

dibutshi
чоботи

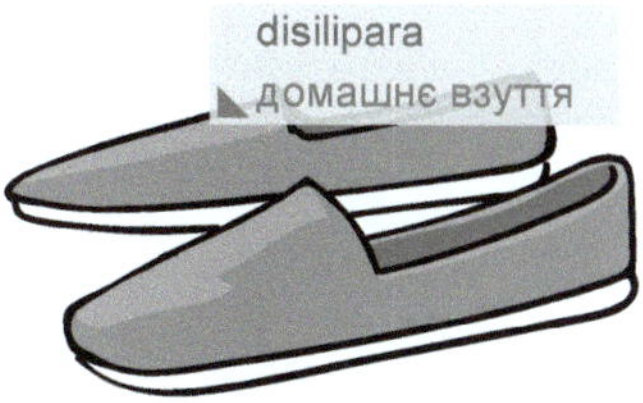

disilipara
домашнє взуття

dimphatšhane

сандалі

ditlhako

взуття

dibutshi tsa rekere

гумові чоботи

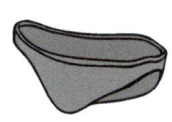

borukgwe jwa kwateng

труси

boraa

бюстгальтер

besete

нижня сорочка

mmele

боді

borukgwe

штани

bokate

джинси

sekete

спідниця

bolaose

блузка

hempe

сорочка

jeresi e e senang matsogo

пуловер

jakete e e enaleng hutshe

светр

boleisara

піджак

jakete

куртка

jase

пальто

jase ya pula

дощовик

khosetjhumo

костюм

mosese

сукня

mosese wa lenyalo

весільна сукня

sutu

костюм

seaparo sa bosigo

нічна сорочка

diaparo tsa go robala

піжама

sari

сарі

sekhafa sa tlhogo

головна хустка

turban

чалма

burqa

бурка

kaftan

кафтан

abaya

абая

seaparo sa go thuma

купальник

diteranka

плавки

borukgwe jo bo khutshwane

шорти

terekesutu

тренувальний костюм

seaparo sa go phephafatsa

фартух

ditlelafo

рукавички

talama

гудзик

diborele

окуляри

sebaga

браслет

sebaga sa mo thamong

ланцюг

palamonwana

кільце

lengena

сережка

kepisi

шапка

sepega baki

плічка

hutshe

капелюх

tae

краватка

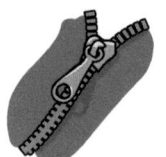

zepe

застібка-блискавка

hutshe ya sethuthuthu

шолом

ditrata tsa meno

підтяжки

diaparo tsa sekolo

шкільна форма

diaparo tsa mmereko /
diaparo tsa sekolo

уніформа

bebe
....
нагрудник

tami
....
соска

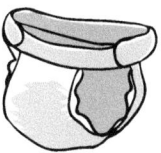

mongato
....
підгузок

kantoro

офіс

server
сервер

lekase la difaele
шаф для документів

pampiri
папір

segatisi
принтер

monithara
монітор

tafole
письмовий стіл

maose
миша

fouldara
папка

khiboto
синтезатор

moteme wa dipampiri
кошик для паперу

setulo
стілець

khomputara
комп'ютер

kopi
....
кавовий кухоль

khalkhuleitara
....
калькулятор

inthanete
....
інтернет

lapothopo

ноутбук

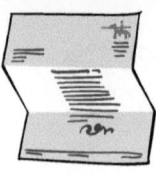

lekwalo

лист

molaetsa

повідомлення

mogala wa letheka

мобільний телефон

kgolagano ya megala

мережа

segatisa dipampiri

копіювальний пристрій

software

програмне забезпечення

mogala

телефон

sokete ya polaka

розетка

motšhini wa fekese

факс

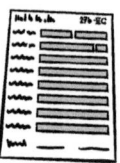

foromo

бланк

setlankana

документ

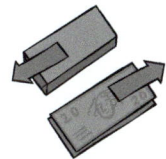

reka

купувати

patela

платити

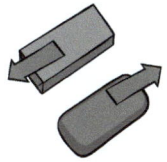

rekisa

торгувати

madi / tšhelete

гроші

dolara

долар

euro

євро

yen

ієна

roubele

рубль

swiss franc

франк

renminbi yuan

юанів женьміньбі

rupee

рупія

lefelo la madi

банкомат

kantoro ya go fetola madi

обмінний пункт

gauta

золото

selefera

срібло

oli

нафта

maatla

енергія

tlhwatlhwa

ціна

konteraka

контракт

lekgetho

податок

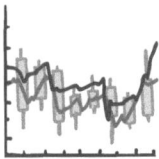

setoko

акція

dira

працювати

mothapiwa

працівник

mothapi

роботодавець

bodirelo

фабрика

lebenkele

магазин

maemo

професії

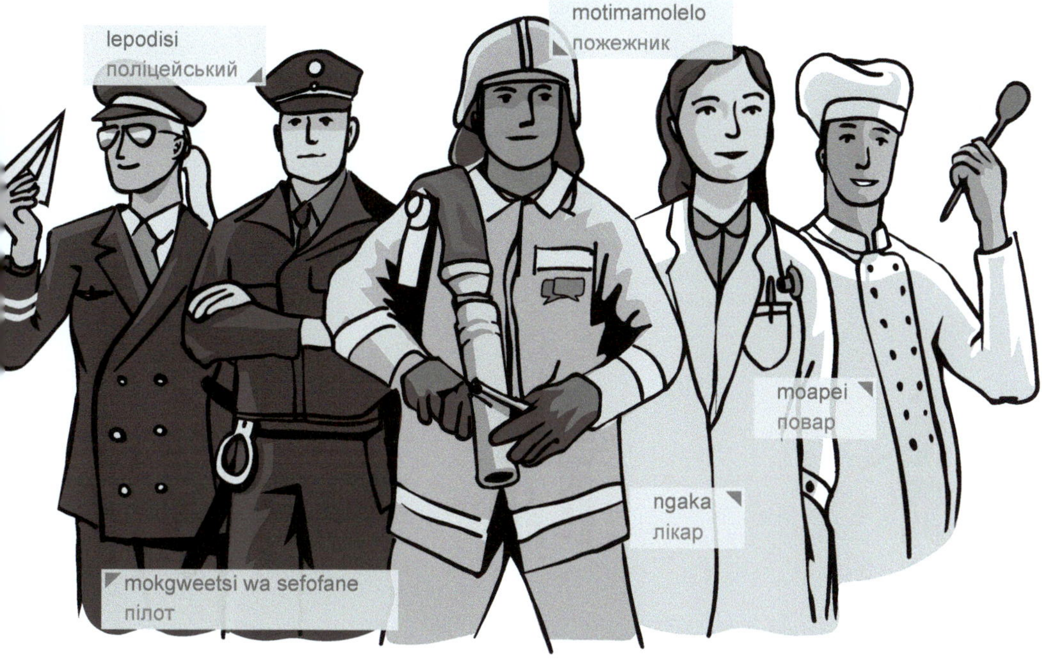
motimamolelo
пожежник
lepodisi
поліцейський
moapei
повар
ngaka
лікар
mokgweetsi wa sefofane
пілот

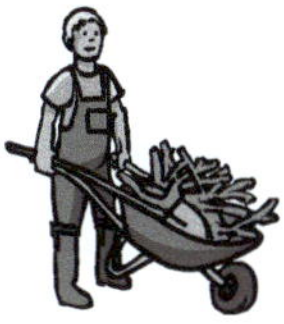

ratshingwana
садівник

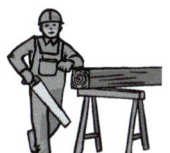

mmetli wa dikgong
столяр

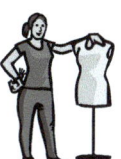

moroki
швачка

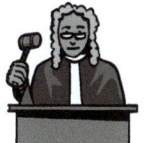

moatlhodi
суддя

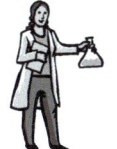

moitse wa melemo
хімік

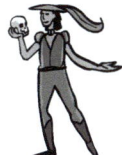

modiragatsi
актор

mokgweetsi wa bese

водій автобуса

mokgweetsi wa tekisi

таксист

motshwari wa ditlhapi

рибалка

Mme yo o phepafatsang

прибиральниця

moruledi

покрівельник

weitara

офіціант

motsumi

мисливець

motaki

художник

mmesi wa senkgwe

пекар

ramotlakase

електрик

moagi

будівельник

moenjenere

інженер

mosegi wa nama

забійник

motsenyi wa diphaepe tsa metsi

бляхар

motsamaisa poso

листоноша

leshole

солдат

modiri wa dipolane

архітектор

morekisi

касир

morekisi wa malomo

флорист

mokgabisamoriri

перукар

kondactara

кондуктор

mokheneke

механік

mokapeteine

капітан

ngaka ya meno

дантист

Rasaense

вчений

moruti

рабин

imam

імам

moitlami

монах

moruti

пастор

didiriswa

інструменти

hamore
молоток
tang
щипці
sekurufu deraevara
викрутка
sepanere
гайковий ключ
lobone
кишеньковий лі

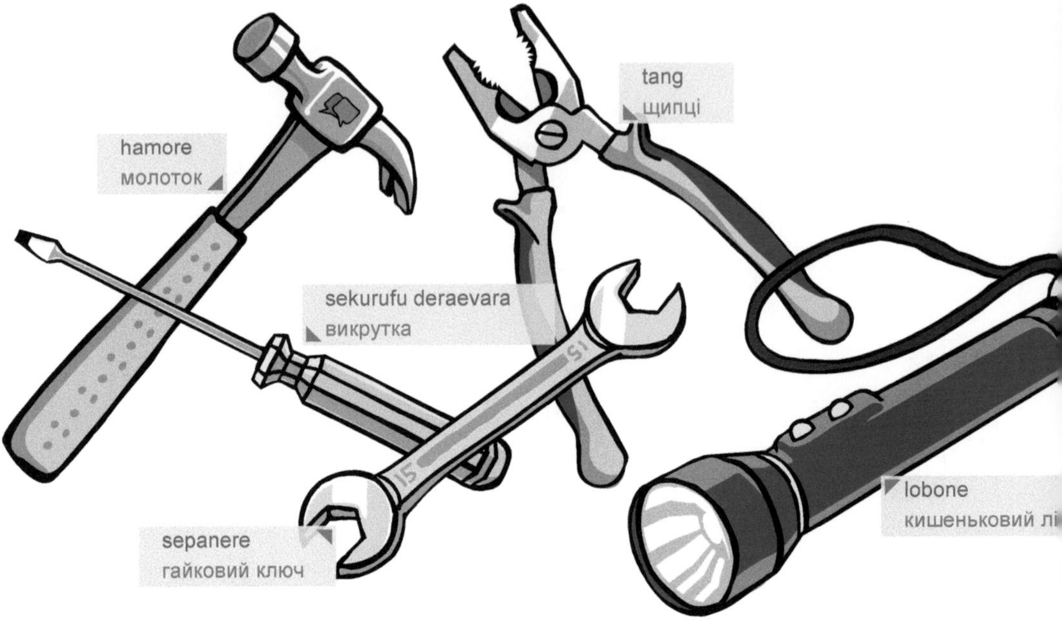

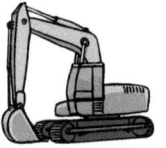

moepi

екскаватор

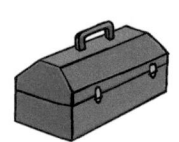

bokoso ya didirisiwa

ящик для інструментів

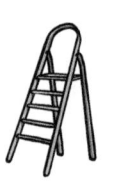

lere

драбина

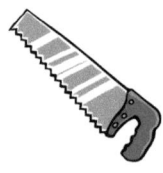

saga

пилка

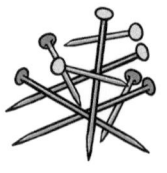

dipekere

цвяхи

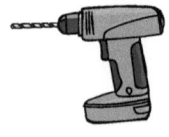

sebori

свердло

baakanya

ремонтувати

garawe

лопата

ijaa!

лайно!

seolela matlakala

совок

pitsa ya pente

відро з фарбою

sekurufu

гвинти

didirisiwa tsa mmino
музичні інструменти

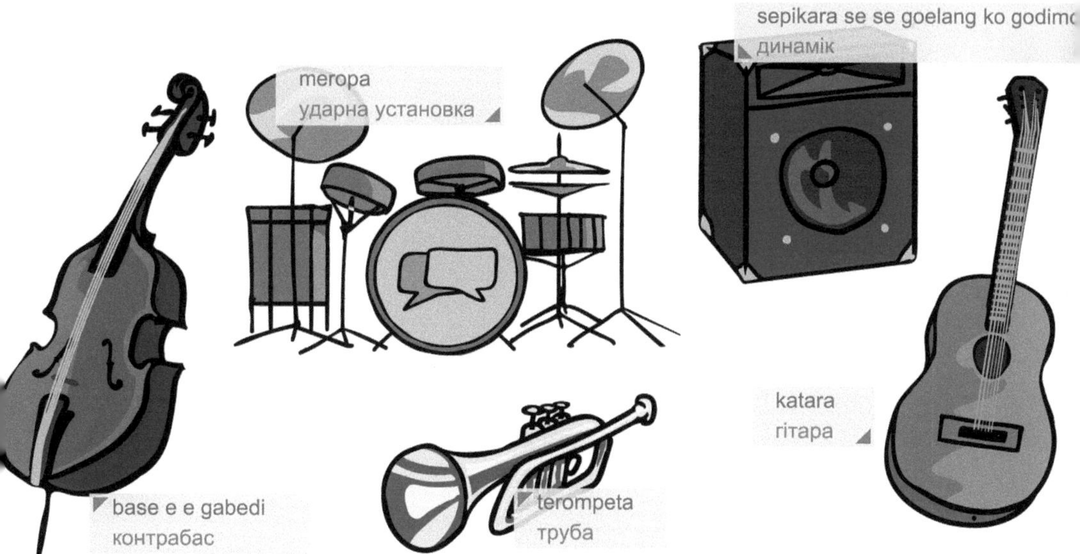

meropa
ударна установка

sepikara se se goelang ko godim[o]
динамік

katara
гітара

base e e gabedi
контрабас

terompeta
труба

piano

фортепіано

bayolini

скрипка

base

бас

timpane

литаври

meropa

барабан

khiboto

клавіатура

sekesofone

саксофон

phala

флейта

sebuela godimo

мікрофон

lefelo la go bonela diphologolo

зоопарк

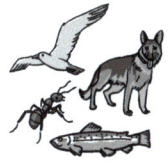

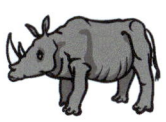

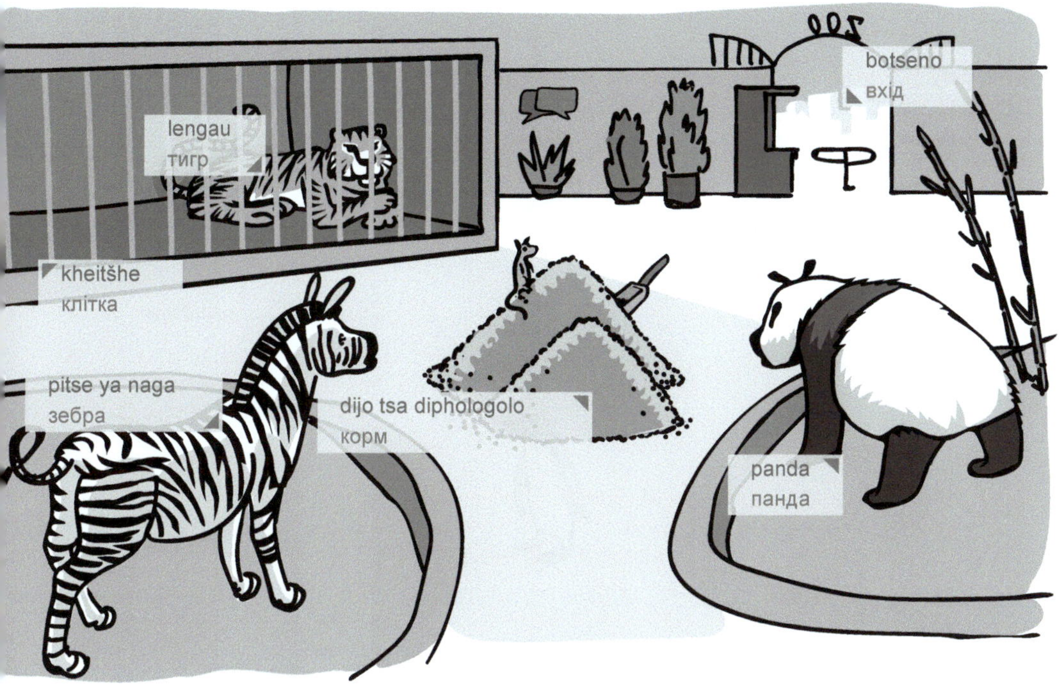
botseno
вхід
lengau
тигр
kheitšhe
клітка
pitse ya naga
зебра
dijo tsa diphologolo
корм
panda
панда

diphologolo

тварини

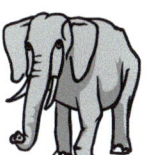

tlou

слон

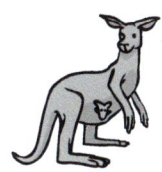

dikhankaruu

кенгуру

tshukudu

носоріг

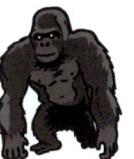

tshweni

горила

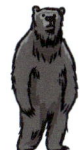

bera

ведмідь

kamela

верблюд

kalakune

страус

tau

лев

tshwene

мавпа

flamingo

фламінго

papalagae

папуга

bera e e dulang ko lefelong
le le tsididi thata

білий ведмідь

nonyane tsa lewatle

пінгвін

leruarua

акула

phikoko

павич

noga

змія

kwena

крокодил

motlhokomedi wa
diphologolo

працівник зоопарку

sili

тюлень

katse

ягуар

petsana

поні

lengau

леопард

tshukudu

гіпопотам

thutlwa

жираф

ntsu

орел

dikolobe tsa naga

кабан

tlhapi

риба

khudu

черепаха

walrus

морж

ntja ya naga

лисиця

tshephe

газель

kgwele ya dinao ya Amerika
американський футбол

motshameko wa baesekele
їзда на велосипеді

tenese
теніс

baseketebolo
баскетбол

thuma
плавання

motshameko wa go lwa ka diatla
бокс

hockey ya mo aeseng
хокей

kgwele ya dinao

футбол

badminthone

бадмінтон

atletiki

легка атлетика

kgwele ya diatla

гандбол

skiing

лижні перегони

polo

поло

didirwa

дії

tshega
сміятися
tlola
стрибати
tlamparela
обіймати
tsamaya
йти
opela
співати
lora
мріяти
rapela
молитися
atla
цілувати

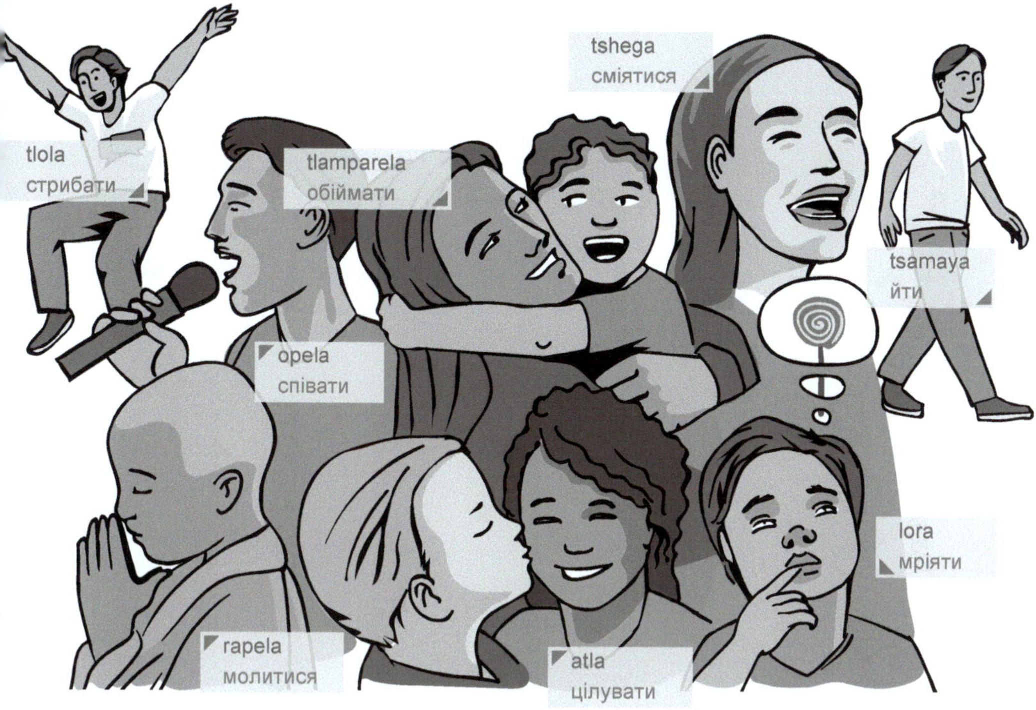

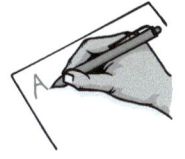

kwala

писати

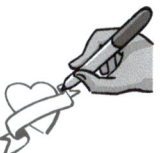

torowa

малювати

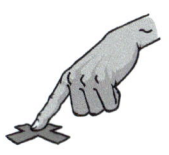

bontsha

показувати

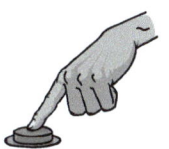

kgorometsa

тиснути

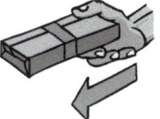

naya

давати

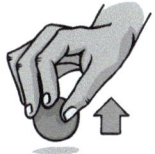

tsaya

брати

go nna

мати

dira

робити

nna

бути

ema

стояти

taboga

бігати

goga

тягнути

latlha

кидати

wa

падати

maaka

лежати

ema

очікувати

tsholetsa

носити

dula

сидіти

apara

одягати

robala

спати

tsoga

просипатися

leba

дивитися

lela

плакати

thuma ka lemorago

гладити

kama

розчісувати

bua

розмовляти

tlhaloganya

розуміти

botsa

питати

reetsa

слухати

nwa

пити

ja

їсти

phepafatsa

прибирати

lorato

любити

apaya

варити

kgweetsa

їхати

fofa

літати

seila

йти під вітрилом

khalkhuleitara

рахувати

bala

читати

ithute

вчитися

dira

працювати

nyala

одружуватися

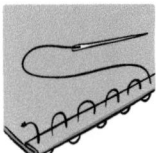

roka

шити

tlhapa meno

чистити зуби

bolaya

убивати

tsuba

курити

romela

посилати

lelapa
сім'я

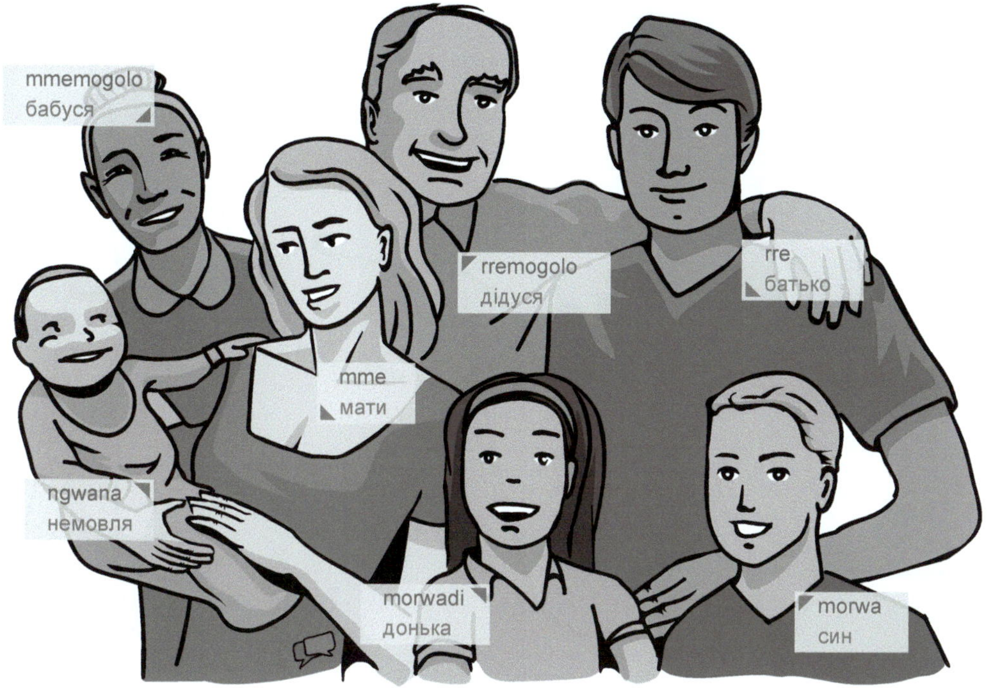
mmemogolo
бабуся
rremogolo
дідуся
rre
батько
mme
мати
ngwana
немовля
morwadi
донька
morwa
син

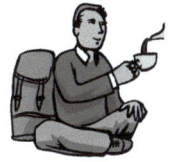

moeng

гість

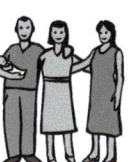

mmangwane

тітка

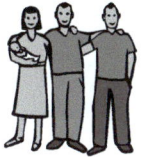

malome

дядько

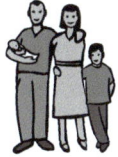

abuti

брат

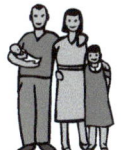

ausi

сестра

mmele

тіло

phatlha
чоло
leitlho
око
legetla
плече
monwana
палець
sefatlhego
обличчя
seledu
підборіддя
seatla
кисть
leoto
нога
letsele
груди
letsogo
рука

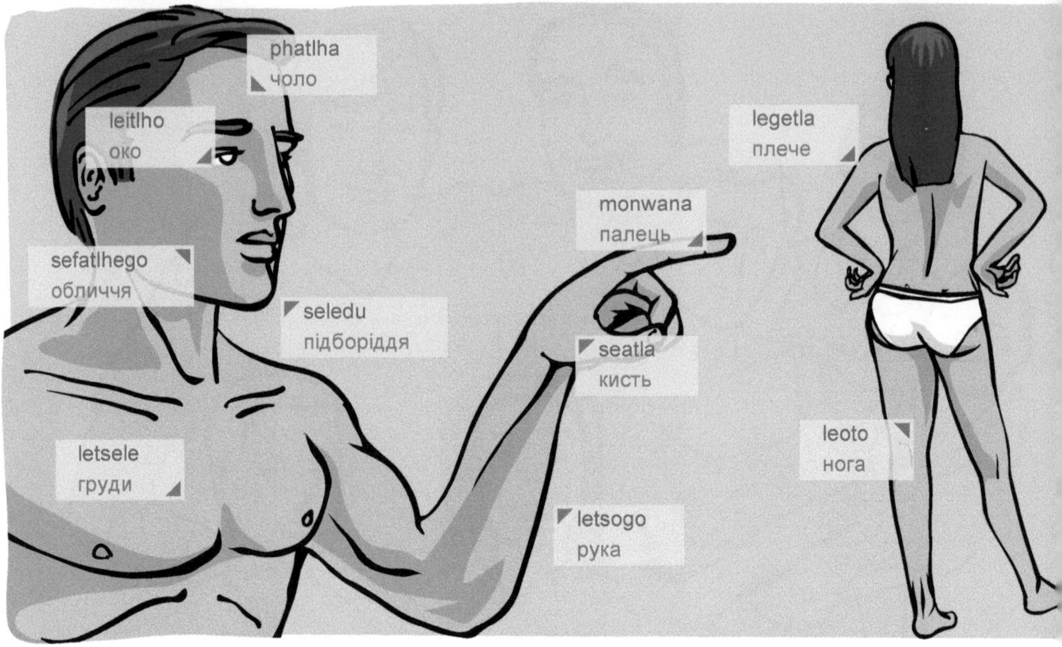

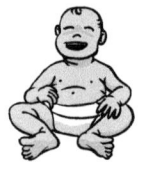

ngwana

немовля

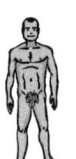

monna

чоловік

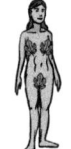

mosadi

жінка

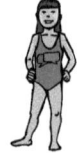

mosetsana

дівчина

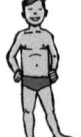

mosimane

хлопчик

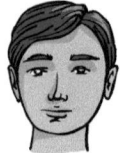

tlhogo

голова

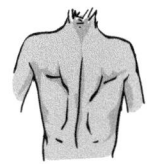

mokwatla

спина

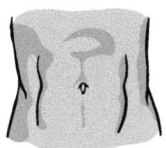

mpa

живіт

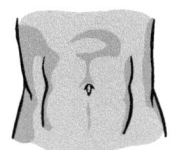

khubu

пуп

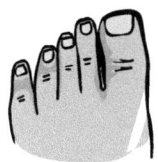

monwana

палець ноги

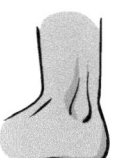

serethe

п'ята

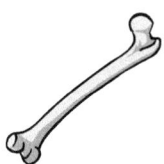

lerapo

кістка

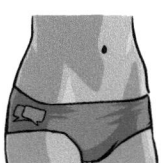

letheka

стегно

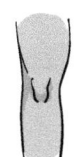

lengole

коліно

sekgono

лікоть

nko

ніс

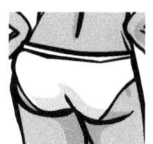

ko tlase

сідниці

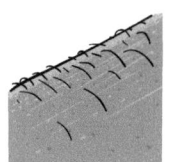

letlalo

шкіра

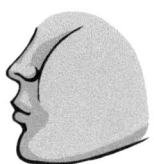

lerama

щока

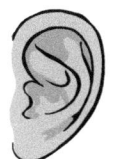

tsebe

вухо

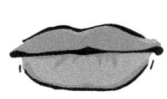

pounama

губа

molomo

рот

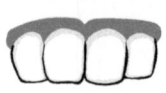

leino

зуб

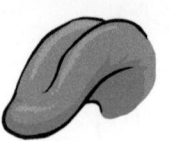

loleme

язик

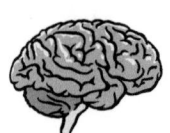

boboko

мозок

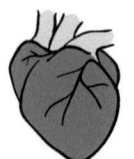

pelo

серце

maatla

м'яз

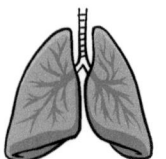

lekgwafo

легені

sebete

печінка

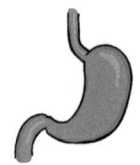

mala

шлунок

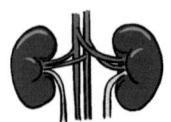

diphio

нирки

bong

статевий акт

mosomelwana

презерватив

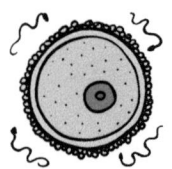

sebelegi sa ngwana

яйцеклітина

semen

сперма

moimana

вагітність

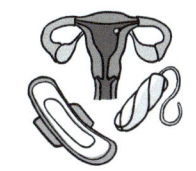

dinako tsa go tla ka kgwedi
tsa basadi

менструація

serwe sa mosadi

вагіна

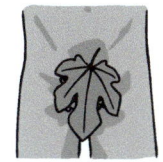

serwe sa monna

пеніс

dintshi

брова

moriri

волосся

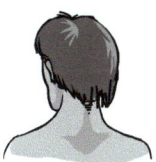

thamo

шия

mmele - тіло

sepetlele
лікарня

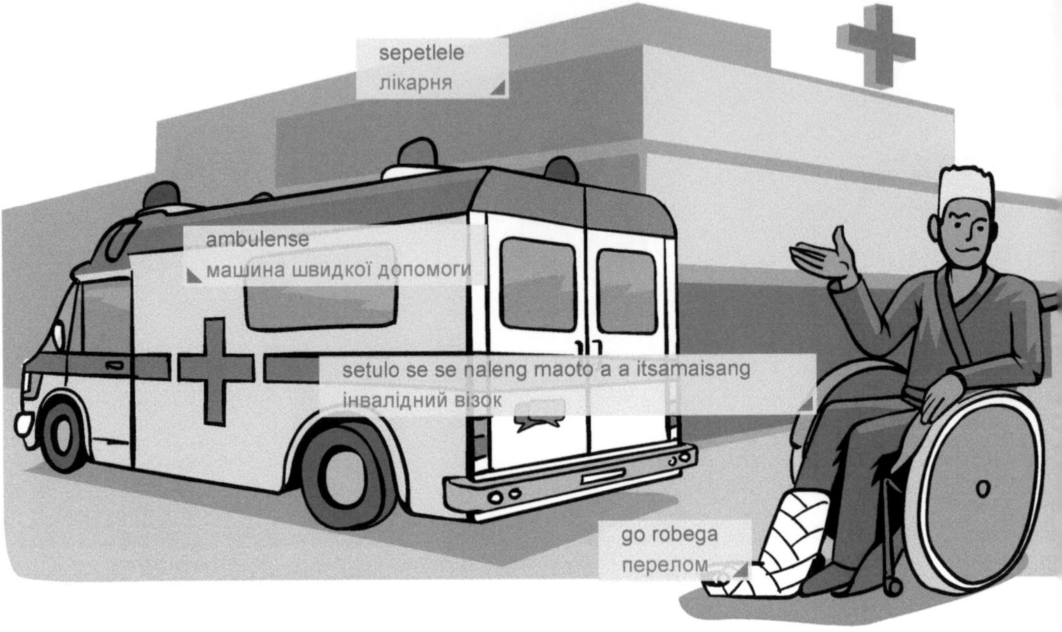

sepetlele
лікарня
ambulense
машина швидкої допомоги
setulo se se naleng maoto a a itsamaisang
інвалідний візок
go robega
перелом

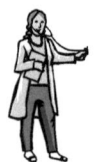

ngaka
лікар

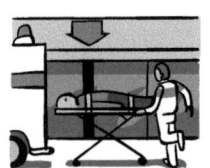

phaphosi ya tshoganyetso
відділення швидкої медичної допомоги

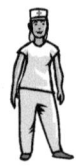

mooki
медсестра

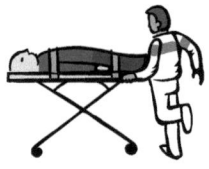

tshoganyetso
аварійний випадок

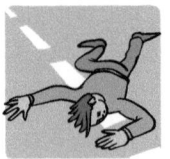

idibala
непритомний

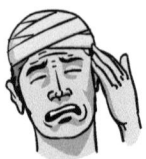

setlhabi
біль

kgobalo

травма

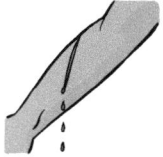

go dutla madi

кровотеча

tlhaselo ya pelo

інфаркт

setorouko

інсульт

bolwetsi

алергія

go gotlhola

кашель

fulu

лихоманка

fulu

грип

letshololo

пронос

opiwa ke tlhogo

головна біль

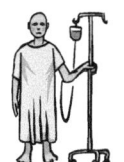

kankere

рак

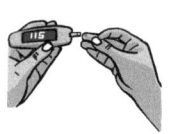

sukiri ya mmele

діабет

moari

хірург

sekalepele

скальпель

karo

операція

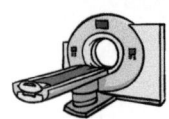

CT
КТ

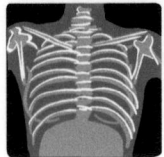

x-ray
рентген

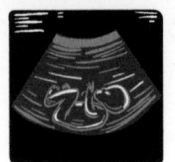

motšhini wa go leba mo mpeng
ультразвук

sesira sefatlhego
маска

twatsi
хвороба

phaposi boletelo
зал очікування

dithobane
милиця

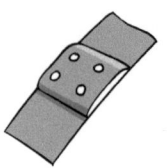

polasetara
пластир

sefapho
пов'язка

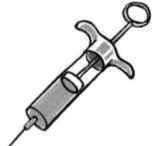

lemao
ін'єкція

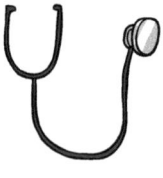

setetosekoupu
стетоскоп

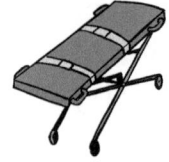

seteretšhara
ноші

themometara ya bongaka
термометр

pelegi
народження

bokima jwa mmele
надмірна вага

sedirisiwa sa go thusa go utlwa

слуховий апарат

sesireletsa dintho

дезінфікуючий засіб

tshwaetso

інфекція

mogare

вірус

HIV / AIDS

ВІЛ / СНІД

melemo

медицина

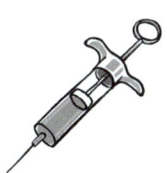

mokento

вакцинація

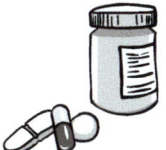

thabolete

таблетки

pilisi

протизаплідна пігулка

mogala wa tshoganyetso

екстрений виклик

motšhini wa go ela tlhoko kgatelelo ya madi

тонометр

lwala / itekanetse

хворий / здоровий

Thusa!

Допоможіть!

tshotlako

напад

tlhasela

атака

kotsi

небезпека

kgoro ya tshoganyetso

аварійний вихід

Molelo!

Вогонь!

setima moleleo

вогнегасник

kotsi

аварія

khiti ya go thusa ka dikgobalo

аптечка

SOS

СОС

lepodisi

поліція

alamo

сигнал тривоги

Yuropa

Європа

Bokone jwa Amerika

Північна Америка

Borwa jwa Amerika

Південна Америка

Aforika

Африка

Asia

Азія

Australia

Австралія

Atlantic

Атлантика

Pacific

Тихий океан

Lewatle la India

Індійський океан

Lewatle la Antarctic

Антарктичний океан

Lewatle la Arctic

Північний Льодовитий океан

Bokone

Північний полюс

Borwa
Південний полюс

Antartica
Антарктика

Lefatshe
Земля

lefatshe
суша

lewatle
море

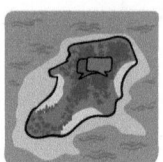

losi lwa lewatle
острів

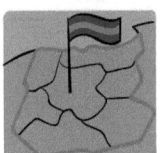

lotso
нація

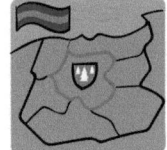

boemo
держава

lentle la tshupanako

циферблат

letsogo la ura

годинникова стрілка

letsogo la metsotso

хвилинна стрілка

letsogo la metsotswana

секундна стрілка

ke nako mang?

Котра година?

letsatsi

день

nako

час

go ne jaanong

зараз

tshupanako ya dijithale

цифровий годинник

metsotso

хвилина

ura

година

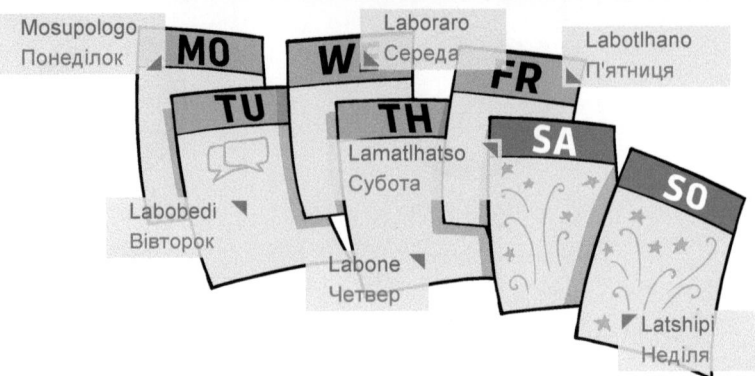

Mosupologo / Понеділок
Laboraro / Середа
Labotlhano / П'ятниця
Labobedi / Вівторок
Lamatlhatso / Субота
Labone / Четвер
Latshipi / Неділя

maabane

вчора

gompieno

сьогодні

kamoso

завтра

moso

ранок

thapama

опівдні

maitseboa

вечір

malatsi a tiro

робочі дні

mafelo a beke

кінець робочого тижня

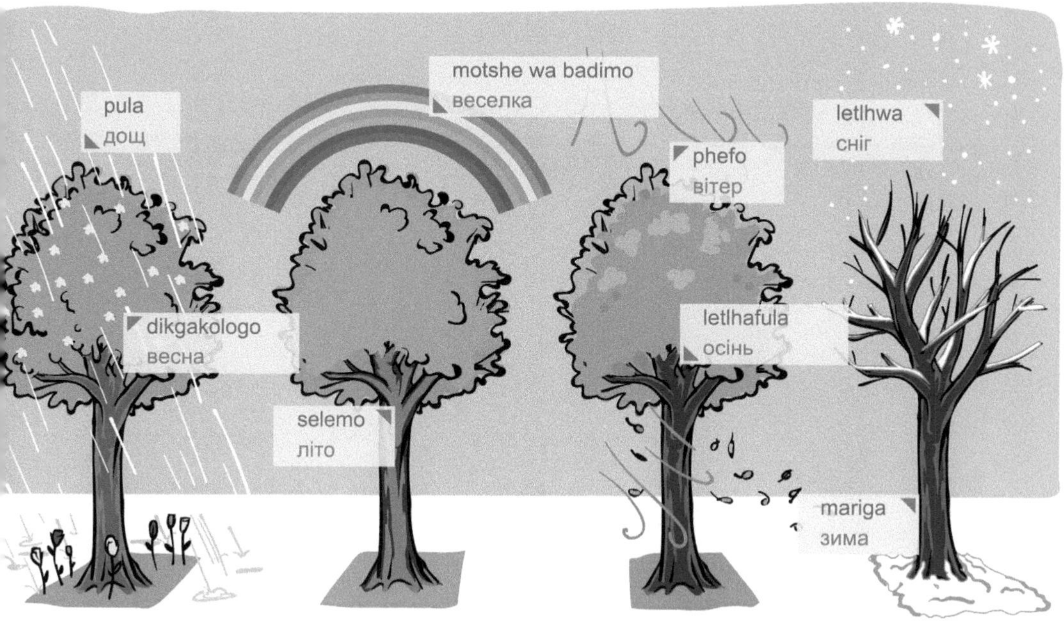

motshe wa badimo
веселка
pula
дощ
letlhwa
сніг
phefo
вітер
dikgakologo
весна
letlhafula
осінь
selemo
літо
mariga
зима

4.APRIL 11°
5.APRIL 4°
6.APRIL 13°
7.APRIL 8°
8.APRIL 10°

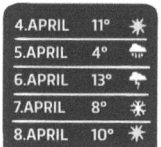

botsogo jwa loapi

прогноз погоди

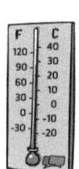

themomithara

термометр

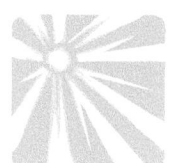

letsatsi

сонячне світло

leru

хмара

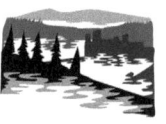

mouwane

туман

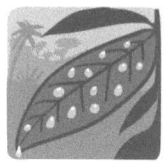

humidity

вологість повітря

legadima

блискавка

modumo wa maru

грім

matsubutsubu

шторм

sefako

град

monsoon

мусон

morwalela

повінь

aese

лід

Ferikgong

Січень

Tlhakole

Лютий

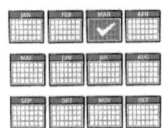

Mopitlwe

Березень

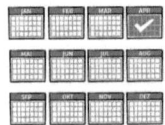

Moranang

Квітень

Motsheganong

Травень

Seetebosigo

Червень

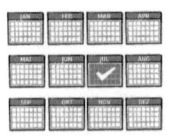

Phukwi

Липень

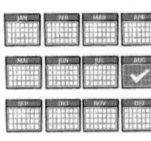

Phatwe

Серпень

Lwetse
....
Вересень

Diphalane
....
Жовтень

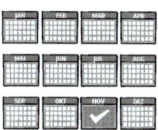

Ngwanaatsele
....
Листопад

Sedimonthole
....
Грудень

dipopego
форми

kgolokwe
....
круг

khutlonne
....
квадрат

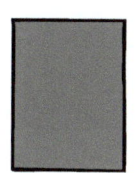

khutlonnetsepa
....
прямокутник

khutlotharo
....
трикутник

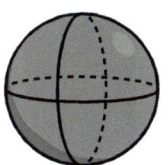

khutlo
....
куля

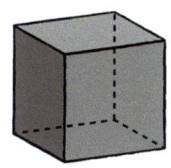

khiubu
....
куб

tshweu

білий

serolwana

жовтий

mmala wa namune

помаранчевий

pinki

рожевий

khibidu

червоний

bohibidu jo bo mokgona

фіолетовий

pududu

синій

tala

зелений

tshetlha

коричневий

tshetlha

сірий

ntsho

чорний

go le gontsi / go nnye

багато / мало

go kwata / go ritibala

лютий / мирний

montle / maswe

гарний / бридкий

tshimologo / bofelo

початок / кінець

tonna / nnyane

великий / малий

lesedi / lefifi

світлий / темний

abuti / ausi

брат / сестра

phepa / leswe

чистий / брудний

feletse / go sa felela

завершений /
незавершений

motshegare / bosigo

день / ніч

o sule / o a tshela

мертвий / живий

bophara / tshesane

широкий / вузький

ya jega / ga e jege

їстівний / неїстівний

bosula / molemo

злий / дружній

go itumela thata / go se itumele

збуджений / нудьгуючий

nonne / tshesane

товстий / тонкий

ntlha / bofelo

спочатку / востаннє

tsala / sera

друг / ворог

tletse / lolea

повний / порожній

thata / bonolo

жорсткий / м'який

bokete / motlhofo

важкий / легкий

tlala / lenyora

голод / спрага

lwala / itekanetse

хворий / здоровий

dumelesega / dumeletswe

незаконний / законний

botlhale / sematla

розумний / дурний

molema / moja

вліво / вправо

gaufi / kgakala

поруч / далеко

sesha / ya kgale

новий / використаний

sepe / sengwe

нічого / щось

mogolo / mosha

старий / молодий

tsenya / tima

вкл / викл

bula / tswetswe

відкрито / закрито

tidimalo / modumo

тихо / гучно

khumo / lehuma

багатий / бідний

siame / phoso

правильно / неправильно

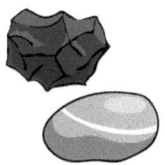

ditlhotlhori / borethe

шорсткий / гладкий

hutsafetse / itumetse

сумний / щасливий

khutshwane / telele

короткий / довгий

bonya / bonako

повільно / швидко

metsi / omile

вологий / сухий

mololo / tsididi

гарячий / холодний

ntwa / kagiso

війна / мир

0

lefela

нуль

1

nngwe

один

2

pedi

два

3

tharo

три

4

nne

чотири

5

tlhano

п'ять

6

thataro

шість

7

supa

сім

8

robedi

вісім

9

robonngwe

дев'ять

10

lesome

десять

11

some nngwe

одинадцять

12
some pedi

дванадцять

13
some tharo

тринадцять

14
some nne

чотирнадцять

15
some tlhano

п'ятнадцять

16
some thataro

шістнадцять

17
some supa

сімнадцять

18
some robedi

вісімнадцять

19
some robonngwe

дев'ятнадцять

20
masomamabedi

двадцять

100
lekgolo

сто

1.000
sekete

тисяча

1.000.000
milione

мільйон

dipalo - числа

Sejatlhapi

англійська

Sejatlhapi sa Amerika

американська англійська

se-China

китайська
високочиновницька

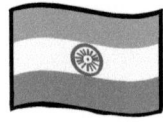

se-Hindi

хінді

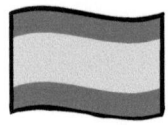

se-Spanish

іспанська

se-For a

французька

se-Araba

арабська

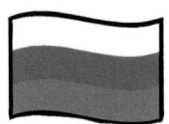

se-Russia

російська

se-Potokisi

португальська

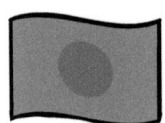

se-Bengali

бенгальська

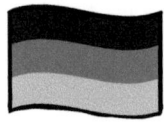

se-Jeremane

німецька

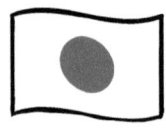

se-Japane

японська

Nna

я

wena

ти

ene / ene / sone

він / вона / воно

re

ми

wena

ви

bone

вони

mang?

хто?

eng?

що?

jang?

як?

kae?

де?

leng?

коли?

leina

ім'я

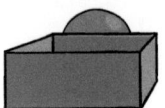

mo morago

ззаду

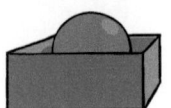

mo

в

fa pele ga

перед

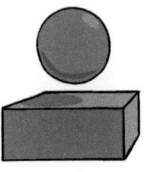

godimo

над

mo

на

fa tlase

під

mo thoko

біля

magareng

між

lefelo

місце